JN440151

금강을 걸었다

황예순 시집

문학의전당 시인선
242

금강을 걸었다

황예순 시집

문학의전당

시인의 말

지난 10여 년 동안 다문화가족이나 한글을 배우시는 어르신들과 문화예술 프로그램을 통해 지역주민들과 함께한 시 치유 과정은 사람과 사람 사이의 갈피를 공감하고 소통하는 귀한 시간이었다.

이 시집은 다할 수 없는 삶의 이야기 중 한 갈피다.
그 인연의 갈피를 다 헤아려 글로 표현하기에는 부족한 점이 많음을 안다.
함께한 금강 물만큼이나 많은 사랑을 주심에 깊은 감사드린다.

시로 산다는 건
겨자씨 한 알의 희망을 심는 일이란 걸
알랑가 몰라.

좋은 사람들이 있어 행복하다.

2016년 매듭달
황예순

차례

제2부

제3부

제4부

제1부

숯

불혹의 내 삶이 숯을 닮으면
그래서 가끔
어느 집 큰 항아리 속으로 들어가
붉은 고추와 한 계절 어울리고는
귀한 장맛을 돋우는 명가로 기품 있게 살기도 하고
마지막 정열, 붉게 달아오르는 절정의 모닥불
그 지극한 사랑으로 스며보고
가끔
어느 시인의 낡은 책상 위에 쌓인 책
곁을 차지하고 앉아서
다소곳이 그의 이야기에 끄덕이며
맑은 공기로 시심을 채우는 숯이었으면 좋겠다
마음이 소통하고
우주가 소통하고
누군가의 빈집에 별이 되어
까만 우주를 닮은 숯이었으면 좋겠다

막사발 가는 길

천년을 구워도 같은 것들이 나오지 않듯
천년을 살아도 나의 생은 한 번도 같은 날 없다

흙에 잠든 것들을 캐내어 몸을 만들고
깊은 샛별이 일어나기 전
부드러운 살결을 어루만진다
내가 피우는 장작더미 속의 맘 가마에 불을 피운다
가마에 불을 피우는 나는 불이다
그 뜨거운 생을 살며 나의 그릇은 세상으로 나온다

배경과 함께 녹아드는 백성과 함께 녹아드는
침략과 갈등의 번뇌
천삼백 도 불길에 사르르 녹여버린다

까칠한 도시의 냄새를 맡지 않은
나무와 물과 사람이 어우러지는 시골 냄새
질박한 손길
쓰다듬는 도공의 눈빛이 하늘을 닮았다

내려다보는 눈빛에 따라
변신을 하는 갈 메뚜기처럼 넌 멀티다
멀티미디어
멀티그릇

왕관자리 싫다고 별무리로 사는 막사발
인생의 카타르시스는
불 맛을 본 자들만이
제대로 알 수 있다

질펀한 삶은 우리를 참 인간이게 한다
흙은 우리를 사람이게 하고

문바위골

새터에 날아온 들풀들
온몸을
온 생을 흔들었다

작은 장 안에 익어가던 나락들이 불 맞아 목을 떨구고
땅속에 묻혔다니
풀빛 가시 세우던 밤송이들이 불 맞아 목을 떨구고
땅속에 묻혔다니

청산은 하늘로 흐르고

이슬이 내려와 바위를 쓰다듬고 가는 계절
바람과 빛으로 깨어나 끄덕이는 푸른 솔빛

큰골 문바위는 보았다
거부할 수 없는 역사의 진실 앞에서
주린 그리움 긴 기다림에 꽃피고
죽어 산 자의 하늘이

다시 돋아 일어나라 한다

고삐를 매었던 버드나무
숨죽이며 살아온 씨앗들
다시 깨어나 있으라 한다

바람을 가르던 시간

산방 대나무 주인에게 돈을 쥐어주고 검을 휘둘렀다

휙휙 휘휘휙 휙휙
그의 발소리에 온 산이 숨죽이는 시간
한 치의 오차도 없이
대나무 몸뚱이가 동강났다

한 번도 그의 죄를 물어본 일 없다
힘닿는 데까지 자르던 그날
도포 자락을 휘감는 소리
비수를 꽂았다

대나무 마디 하나 정하기까지
얼마나 많은 바람의 시간을 삼켜야 했는지
더 이상 간과할 수 없는 일

전생이 잘려진 대통들이 댓잎을 일으키고
댓잎의 안부를 챙기던

바람이 빈속을 휘젓는 소리
오싹한 소름이 돋아난 내 몸의 잔털들

칼날이 스치고 지나간 자리
전율이 온다

칼날이 바람을 가르던 시간
바람이 칼날을 거두는 시간
어찌 보면 검객은 허락하지 않는 불청객
대도(大道), 허락할 수 없는 선이다

그날 검을 놓은 사내는
깊은 계곡에 바위로 산다
대통의 비명 소리 계곡물에 잠재우고 바위로 산다

밥통

1인분 남았다
쌀을 씻어 33가지 잡곡을 섞는다
몸은 참 오묘하다
이렇게 다양한 것들로 한 끼 식사를 하고 다 소화해 내다니

밥을 안치고 취사버튼을 누르지 않은 적이 있다
밥은 불어터져 밥도 아니고 죽도 아닌 몸으로 희멀겋게 설었다
배고프다고 밥통을 연 순간 밥이 그 모양이면
대신 내 뚜껑에서 스팀이 난다

가끔, 하고 싶은 말들을 제 몸에 끌어안고 있을 때가 있다
취사버튼을 누르듯
꼭 신호를 보내야 하는 메시지를 보내지 못하고
밥통처럼 살았다

못난 제 자신만을 꽁꽁 묶어 포박하는 것이
살 수 있는 길이었다고
아니 그것밖에는 살 수 있는 방법을 미처 찾아내지 못했다고

소통하려 들지 않았지
어느 것 하나 정해진 생은 없는데도
밥통은 제 몸에 흐르는 신호를 없는 척 외면했지
그랬지

이제 그만 원하는 메뉴에 버튼을 눌러봐

절대 미각으로 생을 표현해봐
침샘을 자극하는
소통의 언어

'취사가 완료되었습니다'

배추밭 단상

아버지의 배추가 웃고 있다
잘 자란 포기가 궁둥이를
질펀하게 흙에다 묻고는 조르르 앉았다

그렇게 잘생긴 배추를 딸에게
주고 싶었을 아버지
왜 이제 왔냐만 하신다

아버지는 배추를 자르고 나는 뒤에서 다듬어 간다
배춧잎 사이마다 파랗고 통통한 배추벌레들
언 잎 한 장 뚝 떼어내고
벌레 먹은 잎 한 장 두 장
자꾸만 떼어내다
언뜻 바라다본 아버지의 뒷모습

긴 밭고랑을 걷는 구부정한 허리
구멍 뚫린 속을 다 떼어주고
추운 겨울 널브러져 있다

등 위로 굽은 세월이 흐른다

아버지의 살점이 뜯긴다는 생각에 눈은 내리고
벌레가 갉아먹은 숭숭 뚫린
생의 그림자가 밟힌다

참살이에 좋다는 벌레 먹은 배추
칼바람에 주름진 거친 살점
한 잎 두 잎 떨어지고
고소하니 석양볕에 내리는 눈

고갱이 맛을 그린다

살아있어야 한다는 거 아녀

벼랑 끝에 떨어져도
살아있어야 한다는 거 아녀
뭐시기 혀도 이승 밥이 좋다고
고두밥 찌는 냄시 그냥 두고 갈 순 없잖여
한잔할텨, 그는 술이 궁금했다

가야 술이 익어가는 저녁나절
꽃비가 내려와 귀를 기울였다

짐 새지 말라며 잘 빚은 반죽으로
맹세하듯 테 두른 시루 뜨거워야
그라고 누룩은 고두밥에 잘 비벼서 발효해야 혀
뭐니뭐니혀도 꽉 차야 한다는 거 아녀
사는 것도 저와 같아 술맛 지대로 익어야 할 텐데
그의 횅한 주머니에 소슬한 바람이 들고

이런 거 워디 가도 읎지 쩍쩍 붙는 것이
앉은뱅이 술은 뒤끝 한 개도 없다니께

마시게, 술도 인생도 마셔봐야 안다네
취해야 하는 것들이 요샌 참 많잖여
비우게, 사는 것도 비우는 것 아닌가베
참살이 별건가

술 먹고 술 하면 안 되는디
잔을 잡은 손이 배시시 웃는다
술잔에 꽃비가 노곤히 떨어지고
술도 익어 갈라면 지다려야 하듯
정도 익어 갈라면 지다려야 하듯

궁금함을 취한 술이 풀어주었다
목마름을 취한 술이 축여주었다

색바람 나부끼는 금강

감빛 스카프가 제법 잘 어울리는 구월 중순이었지 아마
호젓한 색바람이 나부끼는 금강가를 걷다가
저물어가는 붉은 석양을 잡으러 차를 몰았어
해가 익어갈수록 심장은 뛰박질하고
가도 가도 멀어지는 해를 향해
큰 그림자 사이마다 불 밝히던 별들이
간혹 안부를 묻곤 했지
지하도를 향해 달리던 바퀴가 그만
행성만 한 달 속으로 달려갔어
달이 되어버린 그때였을 게야
못내 그리움이 달 속에서 나오지 못하고
크레이터로 남아 노란빛을 낸 것이
오래전 상처들이 둥글게 하는 말들을
달에 사는 누구도 깊은 빛깔에 대하여 알려 하지 않았고
나 역시도 그 빛깔에 대해 말하지 않았지만
가끔 한번씩
달은 스스로 빈 가슴을 채우며 우리 은하에 올랐지
아무도 모르는 그 비밀을

파란 눈에 불을 켠 헬릭스 성운이
밤 고양이 눈처럼 지켜보고 있었어
광속으로 날아드는 금강의 심장 소리
들어봐,
고요히 이글거리는 파란 산소의 깊이

샘골 연가

샘골에 92세 분이 할머니 함박 얼굴일세
꽁깍지 마당에 널브려놓고 두드리다
궁둥이 흙도 채 못 턴 몸배를 마루에 던지고
꼬리 흔들며 잘 다녀오라 재롱떠는 바둑이에게
집 잘 보라하며 맡겨놓고
총자루 같은 연필을 부여잡고
폭탄 속 글자들을 살피기에 동글동글
핵교에 앉아서 선상님과 글공부하며 깨치는 것이
살아있는 동안 제일루 하고 싶었던 일이라고
긴 고품을 채우려는 듯 자꾸 입맛을 다신다
왼손엔 지우개를 꼭 쥔 채
쓰고 지우고 쓰고 지우고 글맛을 보다가
먼 산 바라보다 갸우뚱하니
여차하면 글자는 돌려지는데
고부라진 생은 왜 고쳐지지 않았는지
기다리다 지친 머리칼이 대신 허옇게 웃는다
고 하얀 눈밭에 까만 발로
꼬물꼬물 삽짝을 기어 나오는

~~이제야 오려나

월남 간 첫아들

별꽃처럼

문득,
어머니 젖 냄새 같은 유년의 온기가 그리울 때
고향집 널따란 장독대와 나를 비추던 우물 생각나지요
우물 속엔 어머니
달처럼 들어 있고
달빛에 보이는 코스모스 어울려 소녀처럼 웃고
해마다 만나는 붉은 작약과 하얀 접시꽃 나지막이 속삭이지요
그 밤 어머니가 키우던 붉은 작약은
긴 뿌리 하나 더 내리고
다시 온다 약속하지요
달님과 별님도 눈짓으로 마주하는 참다솜
온 누리 가득
별꽃처럼 비추지요

올목 풍경 1

강물 따라 더불어 신명난 춤 한번 추어 보소

올목 강가를 내다보는 눈빛이 여유로운 아침나절

창공을 향해 날갯짓하는 한 쌍의 오리가 예 있소

새벽이슬 머금고 꿈꾸는 올목의 오리

유영하는 강물의 나라

비 개인 오후 한나절엔 살포시 춤추는 부들의 몸짓

모여든 수많은 오리떼 거느린 힘찬 날갯짓

물빛을 하늘로 펼쳐내며

더불어 산맥을 넘는 오리떼 예 있소

올목 풍경 2

바람 한 점 강물에 띄우고
한 호흡 붓으로 이어지는 묵의 향연
저 태백을 넘어 밀라노까지
한 발로 뛰어 귀향한 작은 터 있지요

봄이 오는 꽃 소리
물소리 새소리 새싹의 소리 바람의 연주
토굴 속에서 꺼내온 열무김치 사발에 국수를 말아
후루룩 넘기는 시인의 청아한 눈빛 한 점 살지요

뒷산에 고사리 끊어다 찌개 끓여 저녁을 하고
반주로 모과주 한 잔 나누는 은빛 하루
강가를 지나가던 거북이도 마실 온다지요

늦가을이면 처마 아래 붉은 곶감
줄줄이 매달아놓고선
철새들에게 한입 떼어 먹으라
손짓하는 여유

푸른 솔 내음 금강으로 흐르고
굵고 담백한 붓 놀음
올목을 휘돌아 논다

돌담 사이로 석란이 피고 백련이 피고
황국이 일어나 홍매화 눈뜨는 사계절 이야기
바람 한 잎 덮고 단상 이루는
일상의 참 정경을 그대
보이나요

송아지와의 하루

코뚜레 꿰는 송아지 바라보다
멈칫 돌려버린 고개
어미 소가 대신 맑은 눈물을 뚝뚝 떨어뜨렸다

소 등에 달구지 다는 거친 손
말 만들지 말라며 손바닥 툭툭 털고는
십리 길 콩밭으로 향하는 아버지의 뒷모습

끔뻑이고 선 두 눈이 그림자 꼬리까지 배웅한다
해 긴 그림자 밟아도 심심한 여름날
그렁그렁한 햇살 모아 점심을 마시고

송아지 끈 마당에 풀어놓고 뛰놀다
토끼장 앞에 고꾸라지니 적잖이 놀랜 빨간 눈들이
내려다보는 움츠린 시선

흙손 들고 뛰놀다 소금단지 탈싹 깨부수고
모른 척

저물어가는 붉은 하루에 걸리는 소달구지 소리
꼴이랑 콩이랑 한 가득 싣고 오는 그리운 냄새
사립문 열고 들어온다

송아지도 나도 맑은 눈망울
아무 일 없는 듯 제자리로 돌린다
하얀 모시를 닮아 맑은 하루
내려다보며 흐르는 빛나는 어둠
저녁놀에 익어가는 커다란 눈

금강가에 굽이치는 옻 수다

여보게, 박영감. 석양을 품고 있는 저 물줄기 보게. 월매~나 고운가 굽이굽이 한세상 아닌가. 너머 심들어 말게. 흘러흘러 한세상 흘러간들 어떤가. 남은 것은 뒤따라오는 물들이 강줄기 만들지 않겄나. 시인을 닮았나 베 옻이란 놈이 글쎄 시인이 옻을 닮은 건 아니구. 워째뜬 간에 우덜은 순종 아님 상대를 안 한당께. 고 옻이란 놈은 문지 하나 읎어야 만나주지. 흐르는 옻을 비단결처럼 한 올 한 올 혼신을 다해 잘 펴놔야 지대로 색이 나제. 그러니께, 티끌 하나 감추덜 않쿠 있는 그대로 다 뵈주잖아. 속 뵈이게끔. 좋잖은가, 감출게 뭐 있남. 뭐니뭐니혀도 사람은 늘 한결같어야 하는 거 아녀. 그려 안 그려. 뵈이는 그 모냥 그대로, 그대로 찍히는 발자국 모냥 문지 한 톨 읎시 뵈고 싶은 맴 옻도 시인도 그 자유의 독을 품고 살쥬.

고로코롬 까다로운께 매력 아녀
금시 속내를 보이진 안치만 말여
고것이 살아볼수록 진국이랑께
까칠허긴 혀도 보면 볼수록 색 죽인당께
사정없이 유혹하는 그 빛에

한번 넘어가 볼텨

낸, 안 넘어갈 수가 없구먼

글씨 말여

그 여시가 자그마치 이백 년은 묵었다는데

뭔 소리여

거 고당리에 가면 볼 수 있을랑가 몰라

그라믄 한번 가보세나

아이구

그란데 요즘 통 너머 대간혀서 말유

노상 그래 갖구 워티게 힘 쓰것냐

오늘밤 힘 좀 쓰게 옻닭 한 마리 혈텨

그라지유 뭐

여기 옻닭 한 마리유~

지용 생가에서 별을 보다

북두칠성에서 안드로메다까지 이어진 별
멈춰진 풍경 앞에서 잃어버린 나의 성좌
기다림 없이 마름모로 터벅이던 발걸음
지용 생가에서 멋진 신세계로 가는 길
실개천도 휘돌아 제 갈 길로 흐르는데
편지함도 휴가를 가고 갈망도 기다림도 없이
말없음표로 흐르는 긴 슬픔을 삼키는 푸른 별
까마득히 먼 고향에서 떠나온 나는
알 수 없는 고아가 되어
그 먼 할아버지를 알려주지 못하는 어미가 되어
밤에 지친 별들을 늦도록 헤아려보고
사월 밤은 벚나무에 기대어도 쇳소리가 난다는
잃어버린 우주를 생각해본다
탄소 질소 산소 허허한 우주에 서서
떠나보낸 명왕성을 찾다가 피와 살과 물과
태초부터 빅뱅을 꿈꾸는 물질들의 혁명을 본다
밤 깊어 빛으로 사는 별들은 쉬
쉬 하니 아기별의 따뜻한 눈짓을 읽는다

제2부

늦게 핀 꽃

어무이는 글공부 했으면 이장이라도 했을낀데 한다 주린 배가 급하다고 막둥이나 업어 키우라고 갈키지 않아 꽃도 못 피우고 핑생을 등신거치 까막눈으로 살았다 한다 그래저래 칠십이 넘어 쨍일 밭 매다 몸배바지에 묻은 흙을 설렁설렁 털어내고는 들마루에 앉자 양은 밥상에 밥 한 술 뜨고 일어날 새도 없이 밥그릇 대신 공책을 올려놓고 궁금했던 침을 생키고 연필에 침을 묻혀가며 까막눈을 달래고 있다 쓰고 또 써도 밭을 매는 거만치는 힘들지 않는데 웬 것이 심은 콩을 새들이 죄 파먹은 것 맨치로 자꾸만 자꾸만 글씨를 잃어버리는데 어쩔껴 해는 저물어가고 낼 숙제는 해 가야 허고 졸음은 칠월의 땡볕처럼 쏟아지고 잠결에도 늦게 배운 글 잊어 번지지 않으려고 중얼중얼 해쌌는데 내도 인자 이장 한번 해야 쓰것네 안 그런가 왜 대답을 안 혀 내 말이 시답잖은가 그려도 내가 칠 남매 다 공부 갈켜 도외지로 보냈구먼 해도 아무 대답이 없응께 속 타는 가슴 안고 앞마당에서 바라보던 붉은 채송화가 그려 그려 한다

감이 오는

감이 허공에 달려 있다
가을을 유난히 탔던 내게
감은 바람의 긴 장대에 매달려 왔다

내가 부르지 않으면 감은 오지 않아
지식으로만 사는 것이 아니잖아

호모에렉투스는 감을 읽지 못해
호모사피엔스에게
인류의 자리를 내주었다지

한 줄 감을 잡기 위해
우주는 신호를 보내고 있어
하나의 감을 읽기 위해
내 마음은 온 우주의 신호를 읽고 있어
그게 내 자리야

바람이 분다

툭하니 떨어지는 감(感)
빛으로 온다

땀방울 달래기

어무이는 오일장 물건을 파느라
하루 종일 박스에 담아둔 아들이 걸린다며
참이슬만 드셨다

양은냄비며 고무통을 파는 동안에도 내내
플라스틱 작은 그릇으로 성을 짓다 스러져
잠들었던 소금기처럼 아린 일
바닷물이 짜디짠 소금이 되기까지
하— 뜨거운 여름,
흘러내리는 짭짭한 땀방울
눈이 먹고 코가 먹고
입까지 다다를라 치면 긴 햇살이 미워졌다고
거친 손잔등이 갈라진 소리로 연신 잔을 비운다

내 바쁜 삶을 위해 박스에 담아놓은 일들이
원고 위에서 주저하며 그 여린 시선
까만 눈망울을 보내고 있다
여름내 절어가던 땀 향기

참이슬로는 달래질 것 같지 않다

반지하 셋방 쪽창으로 찢어진 가슴 달래는 박주가리
하늘을 본다

귀천

귀천(貴賤)을 묻지 마라
바람으로 날아가니

귀천(歸天)을 묻지 마라
참 오늘 여물어가게

네게로 돌아감이니
내게로 살아감이니

그의 통증

초가을
이른 바람에
온몸을 흔들며
파르르 떨고 있는 사람
그를 위해 할 수 있는 건
얇은 위로도 격려도 아니었다
단지 그의 삶을 읽어주는 것뿐
더 이상 아무런 일도 할 수가 없어
그의 거친 삶을 그저 바라다보아 주었다
푸른 생을 기억하는 나에게
그의 이야기는 한 가닥 가늘게 떨리는 시였다

아이 참
잊었다 그의 생은 스스로 선택한 통증이란 것을

툭 하고 씨앗 터지는 소리

기천 스승님

기천 스승님과 고요한 차 한 잔을 마주합니다

자기의 이기심 가증스러움에 통곡을 하며 너는 먹을 자격도 없고 잠잘 자격도 없다며 몇날 며칠을 지내다 발아래 개천을 보았다는, 남들이 다 인정을 해주지만 모두들 나를 위해 애쓴 모습뿐 내가 잘나서 된 것이 아무것도 없고 그들을 위해 해준 것이 아무것도 없더라는 말씀에, 내가 세상의 선이고 표준인 것을 하며 살아온 날들이 얼마나 큰 이기심이었는지 눈떠 갑니다

마지막 자리를 내어주고
당신의 길을 가겠다는 그 말씀에
침묵이 유성처럼 쏟아집니다

가시덤불을 향해 가겠다는 눈빛에
찔린 듯 저미어오는 아픔 사르고
스승님의 길을 믿어 의심치 않습니다

가고 마는 일이

정해진 일 없기에 우리는
바람처럼 흐르는 삶을 붙잡을 수는 없습니다

바람으로 살다 강물로 살아가다
나무로 오르고 꽃으로 오르는 어느 별에서
볼 사이로 스치는 바람이 당신인가 하여
별처럼 어둔 곳에서 방긋이 웃어볼 겁니다
처진 어깨에 손을 얹어주는 당신인가 하여
손끝으로 우주를 휘어잡을 것입니다

부디 살아가는 동안
조금 더 자주 불어오는 바람이었음 합니다
이제 바람 맞을 준비를 해야겠지요

---

*기천문: 민족 선도 심신 수련법.

끈무늬병

뚜벅
뚜벅
무거운 발자국 소리 앞으로
끈무늬병 백자 한 점
사르라니 다가온다

백옥 같은 몸에
투박스레 내리어진 끈 하나를 휘젓다
잠시, 원 하나 그리고는
남은 끝자락 자연스레 흘린다
그것이 끈무늬병의 전부

마치 창세의 시작을 읊어가는 듯

고조선부터일까 아니, 기록이라는 첨단의 도구가 존재하기 전
상상의 끝이 보이지 않는 그 넘어 너머에, 태초의 시작은 알 수 없으나
분명 우리의 원점은 있었으리……

백자의 부드러운 선을 보다가 가장 낮은 곳에 시선을 떨군다 끝을 알 수 없는 먼 저 행성을 향해 휘도는 인연의 줄기를 잡고 오르고 있다 그것이야말로 현재에서 과거로 향하는 길이다 창세를 내가 어찌 알 수 있을까 인연의 끈 하나 부여잡고 오늘을 살 밖에, 빈 우주에서 창조하는 혜윰 혜성처럼 빛발친다

더 이상 공간을 날 수가 없다
가스로 들어찬 것들을 이제 바람에 비워야겠다

하나의 소중한 것을 위해

끈 하나로 이어진 백자의 여백
소리 없이 다가오는 생명줄
여기

날개

지하 셋방 상계동에 이사 와
수락산에 쌓인 눈을 다섯 해 밟아보았다
팔리지 않는 원고를 쌓아두고
낡은 운동화 끌고 산을 오르곤 했었다 간혹
굽은 허리처럼 원고는 날개를 달려다 매번 나무꾼에게 들키곤
수락할 수 없는 구겨진 삶 속에서 아이를 재우고, 별을 깨우고
돌아갈 행성의 안부를 이슬처럼 여리게 묻다가
쓰기로 한 편지, 밤마다 별들은 그녀의 편지를 읽고는
샛별처럼 그림자만 남기곤 사라졌다
퇴고한 별점을 찍고 남아 있는 빛들이 편지를 읽어보는 사이
손목을 흔들며 닫힌 지퍼를 내리는 찰라 주인의 발자국 소리에
멈칫
고양이를 만난 생쥐 되어 뒷걸음친다
때 모르고 쏟아지는 청구서에 시선이 머무르고
종종이던 발걸음이 문 앞에서 동동거리고
긴 시곗바늘이 뜀뛰기하는 동안
창으로 들어오는 그림자 사라지지 않고
틈 사이로 담배연기가 밀린 월세를 재촉하는 몸짓으로

다섯 평 내 공간을 잠식해 간다
참을 수 없는 욕구는 어김없이 빗발치고
또다시 나는 동동이고 날개는……
쉬,
달빛은 차고
눈이 쌓이고
쌓이면 오려나 봄 나비

흙

흙이고 싶습니다

하늘 바라보며
가장 낮게 누워
흙이 되어

온 하늘을 바라다보며
겸허로 끌어안은 이들의 사랑 이야기
한 줌 흙으로 스미게 하고 싶습니다

한 줌 모여 풀 한 포기 나무 한 그루 키우는
한 줌 모여 애기똥풀 피고 개망초도 피고
작디작은 별꽃도 피워내는 흙의 길

흙이 사랑의 시작이고 살아가는 길임을
온몸으로 온 가슴으로 느끼며 사노라면
한 방울의 땀 속에서 생명은 절로 자라납니다

온

우주가

순간 눈을 뜹니다

꽃 맘

꽃 한 송이가 품은 마음을 아는가 그대

지난해 푸른 눈발에 숨죽이며 뿌리내리고

한 송이 마주한 꽃, 부드러운 눈빛을 갖기까지

꽃 한 송이가 주는 향기를 아는가 그대

인정스런 그대를 닮아 햇살은 따습고

품은 맘은 언제나 한 송이 꽃으로 열애 중

햇살에 일렁이는 무지개 꽃향기에 끌리고

끌리는 것마다 바람이거니

그 바람 속

그 꽃의 속내를 들여다보니

다

있다

비 온 뒤

그녀는 스물한 살에 바다 건너 시집 와
여섯 살 딸아이를 두고 집을 나갔다
무슨 영문일까
아마도 아버지뻘 되는 그 남편은 알까 싶지만
그도 한 잎 찔레꽃 같은 그녀를 이해하기에는 눈이 어리다
어린 눈으로 살았기에
노모의 병수발에 생의 절반을 다 바치고도
옷고름 풀어놓은 기억도 생생하기만 한데
어린 색시를 잡질 못했나 보다
바람의 손을 잡고 떠날 줄 알면서도
흙을 만지고 순둥이로만 산 여러 계절 동안
촌에는 공장이 들어서고 회관도 들어서고
자동차가 신작로를 달리고 집집마다 골목을 차지하고 보니
들기 쉬운 것이 마음이고 몸이었나 보다
나기 쉬운 것도 그와 같이 달리나
살림은 예나 지금이나 그렁저렁하고
시린 가슴들이 모여 사는 깊은 골짜기
골 사이로 흐르는 도랑물이 영 흐리다

이래저래 마음 한 자락 흐르는 것을 막을 수 없는 창수네
비 온 뒤라

너는 꽃이다

정갈하게 빗은 하이얀 머리
비녀 틀어 꽂은 증조할머니
꽃 중에 제일 예쁜 꽃은
사람 꽃이지 하신다

동그란 눈매, 오뚝한 코
야물게 다문 녀석의 입술
너는 꽃이다

오월의 꽃봉오리 맘껏 일어서는
가장 축복받은 꽃이다
지금 그 모습 그대로

네 안에 숨 쉬는 열정
품어온 꽃들아
피워라 하늘의 꿈을

햇살에 피어나 뛰노는 동심아

찬란한 무지갯빛 네 가슴속에
꽃 중에 가장 예쁜 꽃
심연의 바다 가득 자라는
그 마음 열어라

우주의 문을 열어
저 안드로메다에 생명을
너는 꽃이다

높은댕이

둥근 원두막 하나 땀으로 세워놓고
높은댕이에 둥지 튼 사람 좋아하는 선생님
수많은 풀과 나무를 사랑하는 맘
사각의 모서리에 부딪힌 상흔
예와 앉으라, 쉼터 내주신다

대문도 열쇠도 없는 그 집 섬돌 위엔 하얀 고무신
혼 잎이며 고사리, 바위취나물들이 채반 가득 누웠고
마당가 돌확에 부레옥잠 어리연 잎사귀들
반짝이는 눈으로 앉아 있다

삼사월에 산야를 두루두루 인사 돌며
햇살 받은 새순만 따다 만들었다는
백 가지 산약초
항아리 속 백일현몽으로 발효된 고 맛

높은댕이 밖에선 아무도 모르지
가슴 한 잎 짠하게 녹여주는

맑은 하늘빛 높고도 깊은 멋

바람결에 흐르는 향 봉지마다 주섬주섬
친정어머니 손마냥 담아주시는 정
누구든 집어가라 기둥마다 주렁주렁

여치의 자장가 소리에
고개 떨구는 노란 어리연 새로록 잠들고
물망초 닮은 별들에게 마실 간다는 높은댕이
별이 되어 마주하는 구절초 향 진하다

검은 바다

설익은 날들이 떨어져 바이러스 날리고
만리포 해상 품어져 나온 검은 기름 바다의 해적선이다
바다는 지독한 신열을 앓는 일기장

겨울바다

뚫린 구멍 사이로 터진 봇물, 하염없는 분노
화들짝 놀란 사람들 뒤뚱이는 꽃게처럼 바다로 모여들어
가슴팍을 휘어잡고 검은 바다를 퍼 나른다
빨건 해가 다 넘어가도록

시린 가슴 기름띠 길게 두르고
게걸스레 수확해도 끝없던 바다에서 올해는
해삼이 더할 나위 없이 좋다던 바람 소리
뻘 가득 묻어난 겨울 저녁
그 긴 그림자처럼 늘어진 노래를 부른다

밀물로 뒤덮여지고 마는 겨울 장막에

미처 피난 가지 못한 철새가
멀뚱히 뻘 위에 서 있다
뻘논병아리, 청둥오리 검은 선탠하고,
화석처럼 굳어가는 날개를 허우적거린다

하늘로 오르는 길을 막고 있다

더 이상 움직일 수 없다
구멍 뚫린 시린 밤바다
오늘도 꽃게처럼 걷는 우리들의 초상

얼굴

마당 가득한 콩들이 돋을볕 보고 누웠다
허공에 휘두른 도리깨질에
누었던 콩들이 화들짝 놀라 튀어 나온다

검은 콩보다 더 진하게 박힌
까만 눈동자
갈 마당 콩콩이며 동그랗게 오르는 얼굴
도리깨질을 하면 할수록 더 튀어나온다
하늘 가득 뻐근해지는 어깨
침몰하는 저녁놀

어깨 시리도록
알곡이 날아
하늘 문을 두드린다

제3부

있잖아 파란 먼지

나 죽으면 파란 먼지가 되고 싶어
파란 먼지가 날아
가슴이 콕 막혀 힘들다는 엄마의 기억을 가져다
바다에 풀어버리고 싶어
긴 밤 풀잎에 이슬이 올랐다
옥빛 바다 빛깔이 너무나 고와서 그런가
처지는 고개를 들어 올려다보는 하늘빛
내 안으로 쏟아지며 너울춤 춘다
하늘빛에도 어울리고 바다빛에도 어울리는
그래서 은하의 별을 넘나드는 혼의 빛깔이고 싶어
더 이상 기다리지 않는 파란 산소야
그리워하지 않고
머뭇거리지 않고 자유로운

시

시시하다고 말하는 나에게
시나브로 다가오는 것은
아주 작고 작은 것들의 시심

시로 산다는 건
겨자씨 한 알의 작은 희망을 심는 일이란 걸
내 손바닥에 새겨준 너

바람 사이로 다가온 시가 날 쓰고 있었다
하고자 한 이야기들을 가지로 올리고
살고자 한 간절함을 뿌리로 내려
무성한 겨자나무로 자라게 한다

녹녹치 않았던 유년의 그 길을
어미가 되어 손잡아 주던 생의 길잡이

태풍이 몰아치는 어둠 속에서
번개처럼 달려와 상을 그리게 한

다시금 맑은 하늘을 볼 수 있게 한
성근 별 사이로 날아온 시가 날 쓰고 있었다

실토

—꼬막을 먹으며

썰물처럼 빠져나간 식구들 대신
바다에 잠겼던 갯벌이 보였다

개물 냄새가 번진 바닥에 털썩 주저앉아
노란 뚜껑을 열었다 놀란 눈으로 딱 벌어진 꼬막
그 꼴을 보자 꼴까닥 군침 돈다

내 사랑도 그러했으리라

쉽게 눈요기하고 구미를 당겼으리라
고대로부터 이어진 유전인자 찰진 여자만의 갯벌을 떠난 후
굳게 닫으려 했던 문 그러나 끓는 물에 온천하고 노곤한 시간
냉수마찰에 탱탱해진 속살을 오므린다

저를 가두고 좀처럼 허락하지 않은
구멍을 찾는다
쉽게 허락하지 않는 팔짱을 풀어헤치려 하자
자존심 강한 꼬막 끝내 입을 열지 않고 취조가 시작된다

엉덩이 꼬리뼈 사이에 젓가락을 끼고 비틀어대자
떡 벌어진 입으로 쫄깃해진 속살을 드러내곤 실토를 한다
이 맛이야
갈매기 소리에 질펀한 갯벌의 살 냄새가 실려 오고
부드러운 바다의 간곡한 사연이 철썩인다

애기똥풀 흩어진 광장

지우개로 지운다고
다 지워지는 것은 아니다

바보 애기 듣던 오월의 풀들이 파르르 떤다
짓이겨진 애기똥풀 노랗게 흩어진 광장
한때 파란 하늘가에 펼쳐보이던 바람칼*
이슬로 목 축이던 우리의 잎새는 어디로

낮은 곳으로 뿌리내리던 녹색 물결
검은 삽날에 갇혔다
모든 것은 되돌아갔다
사막 같은 땅엔 건기의 메아리

하늘로 향하는 바벨탑 세우고
로봇들이 마른 광장을 메우고 섰다
젖은 풀들의 땅은 어디인가
멸하고자 하는 균들이 아우성이다

구구한 상처들은 무릎 세우고 일어나
애기똥풀로 치유하라
제초제로 뒤틀린 오장육부는 깨어나
참한 씨앗을 뿌려라

가는 줄기를 비워내며 뿌리내리는 우리는
하얀 울음 삼켜온 빛의 자손이다
곧은 DNA로 다잡아 보는 오늘
첫 풀잎의 메시지를 보낸다

사람 사는 세상, 널리 이로운 세상 속으로

저 먼 광야에서
꿈틀거리는 태고의 울음소리
키내림으로 푸른 알곡을 건진다

---

*바람칼: 날개의 우리말.

어둠에 불을 켜는 소리

태초에 구분된 것은 아무것도 없었어
하나의 둥그런 지구 안에 우린 형제였지

콩 한 쪽보다
이념이란 빵조각들이 서로를 차지하려 아귀다툼을 해댔지
그래서 땅에 금을 그었지
땅따먹기라나 뭐라나

밤낮없이 불을 켜고 달리는 것들이 있어
명절이 되면
모여들어 삼대만 제 가족이라고
떠들썩하니 잔치를 하지
아득히 먼 것들을 종이에 몇 글자 써놓고는

가까이 있는 것들에겐 눈을 질끈 감은 채

어둠에 불을 켜는 소리가 있어
태초의 몸짓으로 우는 아기의 소리

밤이 되면 불을 켜고 다니는 그가
왜 가느다란 소리를 내는지 아무도 몰라

너무도 오랜 시간 고무줄처럼 늘어난
생명의 가장 깊고 낮은 현의 울림을 듣고
비린내가 그리운 것들에게 생선 하나 던져주는데
주린 배를 움켜진 그것들에게조차
버릇이 된다고 내어주면 절대 안 된다지

깊은 뿌리로 우는 태곳적 숭고한 소리에 떨리는 자들은
개밥바라기별 두려울 것이다

형제들의 울음소리, 가는 현의 소리
뿌리 끝으로 들을 줄 아는 자
샛별로 일어나 불을 켤 것이다

고양이 울음 출렁이는
저 바다의 혼불

역동의 기다림

무성한 초록의 화풍을 전시하는 둥그런 지구

침노하는 행성의 충돌

언어의 꽃잎들이 낱낱이 떨어져 침묵을 강요하는 때

엄지발가락에 힘을 준 민초들이 허기진 배를 채워 나가고

충돌한 상처에 손을 내민 젊은 단풍잎들의 떨어지는 선혈

붉게 물들인 광장에 하늘, 땅, 물, 불 일어나 펄럭인다

바늘로 지구를 깁는 가난한 자들이 모여 사는 곳

사각의 모퉁이 역사로 이어지는 곳

저마다 상처된 것들이 만나 조각을 아우르고

조각이 조각을 만나 역사의 보를 이루는

그것은 언 강물 위를 건너는 역동의 기다림

이어진 하늘 가득 별들이 축복을 내리는 타오름 달

샛별과 함께 일어난 깃발

우주를 자전한다

오늘도 초록별을 굴리는 너를 마중하며

역동의 생을 조각한다

연 그리는 여인

하얀 화선지에 연을 그리는 여인
자신의 검은 먹물을 다 토해놓고는 잠들었다
밤새 붓 발을 휘날리던 그녀

새벽이 밤의 담장을 넘나드는 사이
그녀의 분신은 익어 나란히 누웠다

진흙에서 가슴 쓸고 올라
씻고 또 씻어 푸른 연잎을 피운 수직선
외줄로 날리고자 한

연

천상으로 향하던 연밥이
그녀의 젖은 심연에 묻혔다

밤의 정령은
영롱한 그녀의 눈물을 연잎에 띄우곤

굴리고 굴려보는데
이슬 닮은 가녀린 전생의 궤적
이승의 장을 펼쳐본다

밤새 연밥을 짓는 여인네
붓 발을 날리며 뛰는 가슴
바람 소리로 그리는 수평선

여인의 선
연밥에선 묵향이 퍼지고
푸른 잎 사이사이 승천하는 꽃봉오리

열다섯 소녀의 몽우리 진 가슴으로 연
붉은
연

연꽃마을

궁남지 잠꾸러기 수련은 입이 아프다
꿈결에 수런거리는 수련의 긴 시간 깨어
첫날밤 치룬 붉은빛 각시수련 건너다본다
연꽃 차 마시련,
백련이 한 잎 보시하며 찻잔을 내들자
홍련이 밝은 등불 하나 솟대처럼 내건다

그 바람에 도도함으로 한껏 콧대를 세우곤
엷은 미색 물양귀비 요염한 몸짓 흔들다 해 보러 가고
죽은 어미를 끌어올린 연, 몸에 가시옷을 입고 사는 가시연
제 살을 뚫고 나와 먼 하늘을 그린다
허공에 구름이 넘겨주는 쪽지를 펼친다
노란둥이 어리연, 흰둥이 어리연 연못에서 짝짜꿍
재롱부리며 피어난다고 온 하늘이 잔치란다
그래저래 수련은 피고 지고 구경 나온 부레옥잠
보랏빛 얼굴로 꿩의 깃을 수놓는다

구절초

어머니 산소를 가다가
가을을 기도하는 너를 보았다

진한 꽃들의 유혹에 흔들리지 않고
속으로 깊게 뿌리를 뻗어가는
너의 방식
어머니의 가을을 주워 담고 있다

바람 속에 흔들리는 꽃잎
어머니 젖 냄새로 날아들고
노을 진 들녘에 하얗게 퍼지는 향기
그리움을 부르는 구절초

그 아련한 길 위를
내가 따라가고 있다

오월에 눈뜨는 둥굴레 꽃망울

오랜만에 어머니 찾습니다
예전 상여 지나간 산길 따라 발을 옮기니
향나무 두 그루 어서 오라 손짓합니다
할미꽃은 지고 망초대 오르고
씀바귀 꽃피고 참나무도 싹트고
돌아보다 잠시 멈춰진 눈
몇 해 만에 와본 봉분 앞에
전에 없던 둥굴레 꽃망울 하얗게 달고
보고 싶었다는 듯 말없이
보고 싶단 말 대신에 커진 꽃망울
오월에 흔들리는 여린 바람
둥글둥글 둥굴레처럼 살지 했던
보고 싶은 딸의 모습 대신
그 자리에 그리움을 꽃으로 키우고 계신 어머니
외할머니 앞뜰에도 둥굴레 피었습니다
해를 더해가는 동안
그리움만큼 굵어지는 뿌리
그리움만큼 빛나는 새끼들의 촉촉한 눈망울

둥글둥글 살아가는 오월의 사랑이
오늘 여기 피었습니다

잘리는 것들의 아라리

―꽃꽂이를 하며

잘려진 것들이 모여 사는 하얀 우주가 있다

한 다발 묶여 새벽부터 쫓기듯 떠나온 것이다

잘린 것들이 모여 남아 있는 생명을 첨예한 각도로 디자인한다

슬퍼 마, 우리 모두는 꽃처럼 잘리어진 시한부 생명들이잖아

얼마 남지 않은 생이기에 더 가슴 절이는 눈물 한 모금 빨아올린다

범부채 푸른 날개를 좌우로 펼쳤다

스스럼없이 자라난 황금쥐똥나무 제멋에 자란 줄기를 능선 잡아 산맥을 이루고

세우는 것마다 마음이 모이는 것마다

산이 되고 강이 되고 우주에 하나인 특별한 존재가 된다

잘리는 것들은 저마다 가야 할 길이 있다

주어진 하늘만 바라보는 잘리지 않는 생은 얼마나 덧없고 단조로운가

스스로 떠나지 못하며 발목을 채찍 하는 아픔을 겪는다

잘리는 것들은 남은 생

간절하고, 애달프고, 아쉬움에 얼마나 설레는 창조의 하루를 사는가

저녁 산사

간혹, 바람의 산중에 홀로 선 이들이 있다

흔들리지 않으려 뿌리를 움켜잡고도 푸르르 하는 전나무

그러나, 참으로 고즈넉한 월정사의 저녁을 닮은 얼굴

아무 말하지 않는다 해서 생각이 없는 것은 아니다

아무 말하지 않는다 해서 괜찮다는 것은 아니다

단지,

말의 절실한 필요를 못 느끼거나

말의 대상을 찾지 못했을 일이다

때로 말할 기회를 놓쳤을 뿐이라며

애써 변명은 하지만

실은,

온몸을 흔들어 아니라고 말하고 싶은 것이다

그날, 목숨 같은 열매 하나를 잃은 상실감으로

산사에 무거운 발길 이어졌노라고……

창호지 밖으로 엷은 빛이 흐르고

댓돌 위에 올곧게 앉아 참선하는 노스님의 하얀 고무신

한 무리의 은하가 별일인 듯 다아 들어주고는

산사의 아침 종소리에 길을 떠났다

책의 처방전

하루가 안개비에 젖은 무거운 날들이었지
거센 파도에 곰비임비 밀려드는 설익은 상념
검은 바다일 뿐 내게는 아무 희망도 없는 섬

품어 줄 바다 민물과 썰물로 그렸다 지웠다
파도에 흔들리는 심연의 섬, 시리운 요 계절
풍랑 속에 헤엄쳐 나와 위문하는 검은 신사들
가려마
울려마
살려마 하려마

물처럼 가득한 도서관에 발을 담근다
검은 신사들과 눈길을 마주치며
한 점
한 장
한 권

비틀어진 가지처럼 서러움 가슴 사무치는 날

사포같이 껄끄러운 시간들 내 안에

나를 위로해주는 건
간헐적으로 내리는 빗줄기 한 장
너는 가난한 자들의 안식처

고대 파피루스 위를 점으로 이어온 사연
세월만큼 다양한 처방전들을 가지고 있다
그곳은 울음 머금은 자들의 쉼터

열람실 한 켠
빈 의자
옆구리가 시린 자들이 채워지는 곳

반딧불이 마을 안터에서

반짝, 하늘의 별들이 눈웃음치자 지상의 별들이
논둑으로 산길로 마중 나오는 여름이었지.

삼촌도 이모도 다 객지로 떠나고
홀로 남은 할매 할배들이 지키고 있는 산중
밤은 길었고
반짝이는 것들은 모두 발정 난 것들이라는
할매들의 늘어진 웃음소리
시냇물이 쫄쫄쫄 박수를 치자,
허허 웃는 까치수염 할배
그 웃음에 봉숭아 볼이 취한 듯 볼그족족했다지.

별처럼 순한 눈을 가진 개구리 식구들 들마루에 모여
옥수수 감자 먹으며 개골개골 노랠 부르는 밤이었지.
논두렁 밭두렁 사이로 날아오르는 별
반짝, 반디를 만나 저마다 소원을 비는 밤
보고 싶은 것들을 기다리는 말간 눈망울
반짝이는 것들에게선 사랑의 향내가 난다지.

우리들의 언어는 어둠을 깨우고
빛나던 추억은 초롱초롱 밝아오고
안터에서 소근거리는 빛의 대화는
+ − + − + −
달팽이의 느린 심장을 깨우고
빛나는 순간 시간을 멈추게 하지.

반짝!
지상의 별이 되어 산길 들길 나는 사랑
달님, 호박꽃 속에 숨어 숨어서 보고 있겠지
어둠이 길어질수록 사랑의 눈빛은 깊어지고
지상의 밤을 밝히는 너는 별

흙으로 삶을 빚다

흙으로는 무엇이든 만들 수 있다는
스승님의 말씀에 자기를 만들어보지만
한 걸음 한 걸음이 깨지기 십상이다

흙이 맘대로 되질 않는다 하면
뭐든 한 걸음에 되는 일
쉬운 길은 없다 하신다

흙으로 뭐든 만들 수 있지만
한 조각 한 조각 살점을 비우며
자기가 되는 청자를 보면
자기가 그리 녹록치 않음이 보이기도 한다

첨엔 타오르는 열정으로만 만들고
마르다 깨지면 자신을 원망도 해보지만
생이 그리 만만치 않음이 일어나기도 한다

잘된다 우쭐해하는 변덕을 흙은 한 번도 말한 적 없다

자기는 사랑을 받은 만큼 자기의 모습으로 빚어질 뿐
흙으로 삶을 빚는다는 일은
본연의 자기를 찾는 일이다

소통

아버지 수염을 닮은 여린 붓끝으로 호두알을 깨듯
마른 침묵이 부르는 기침 소리 잠재우듯
눈발에 얼어붙은 심장 녹이듯
까만 먹물 풀어 하얀 우주에 화수분을 그린다

풀씨 뿌리고 벌 나비 날리고 소나무 그리고
다람쥐 장수하늘소 수달 반달가슴곰 장수거북이
두루미 황조롱이 팔색조 황새를 그리니

마침내 화첩에 열린 봄날
이 저녁 달빛은 참 곱기도 하지요

누군가의 발길을 붙잡는
저 우주의 화폭
그림에 취해 덩실덩실 어깨춤을 추는데

이 공간의 눈빛들은 저를 닮아 미쁘기도 하지요

제4부

뜬봉샘 가는 길

강물의 발원을 이루는 수분리
소나기 한 줌 움켜쥐고
맨발로 흐른다

금강 천리 길 여우비 는개비 소나기 악수를 잠재우며 시원스레 흘러간 물줄기 서동남북서 금강을 이루고 작은 무리 잿빛 왜가리 물길을 헤집고 먹이를 찾는 아침나절에 웃비를 만나거든 그 머나먼 길을 떠나더라도 취할 것은 내 뜨거운 피를 흐르게 할 한 모금의 물

알싸한 생강나무 종소리에 취하고
솔 향에 앉듯
칡 향에 취하듯
물뿌랭이 날아오르는 길을
어찌.

---

*뜬봉샘: 금강의 발원지.

해와 달 그리고 별

해가 왜 뜨는지 알지
해라해라 하능겨 두려워 말고
멈추지 말고 일어나 해라능겨

달이 왜 뜨는지 알지
달달달 볶지 말고
맴 편히 기도하라 뜨는겨

별은
별일 없응게 걱정하덜 말고
빛나게 꾸어야 할 꿈

일일랑 걱정 날려버리고
애꿎은 사람 볶지도 말고
뜨거운 심장으로 두 손 두 발로 기냥 해라잉

그게 빛나는 해고 달이고 별인겨
별거 읎어

산 자를 슬프게 하는 시

안산 세월호 분향소
안 산
아니, 산

잊지 않았다며 울리는 저 소리는 산 자의 서러운 깃발
아직도 가야 할 길을 밤마다 밝히는 천만의 별
생생함으로 꽃피어야 할 시(詩)가
거친 풍랑을 맞아 목이 마르고
꽃들에게,
차마 미안하다는 말은 나의 위로일 뿐
이제 흙을 깨고, 벽을 깨고
새가 되고 별이 되고 달이 되고
풍랑의 시대 어둠을 뚫고 밤을 밝히는 시는
누구의 작품인가

외할아버지 감나무

감나무 접을 붙이고 늘리셨지요.
대문 앞에 텃밭에 뒤뜰에 담장 옆에도
외할아버지 감나무를 심으셨지요.

온 동네 붉은 등을 밝히듯
가을을 밝게 밝히기도 하였지요.
자꾸만 나누는 외할머니를
금강물이 마르겠냐 하셨지요.

현재를 잘 나누던 외할머니
미래도 잘 키워갈 재롱둥이들
감으로 감 하나로 살지요.

식구들 둘러앉아 감을 돌려 깎으며

어제는 홍시를
오늘은 단감을
내일은 곶감을 드려요.

수행자 K

수행자로 가는 이들은 많은 짐을 지고 있으나 내려놓으려 애쓴다
수행자 되어 허물을 벗는다는 건 욕망을 벗는 것이 아니라
세상에서 얻을 수 있는 가장 높은 경지를 향해 가는 것
아무도 가질 수 없는 욕심에 도전하는 것
그런 줄 알면서도 수행자가 되려 하니
버려지는 것 너무나 많고
안타까운 것 너무 많아
미련이 남아
나를 잡고
곧추세워
끈을 맨다
발버둥치던 나
도망가려는 세상을 향해
끊임없이 굴러보는 내 어리석음이
중력에 매달려 있는지 알 수 없는 일
우주의 밤이 무거운 지구를 놓아주지 않는다
K는 말이 없고 그저 심연의 바다로 바다를 향해
흘러간 한 줄기 물소리 바람 소리 굼벵이 소리 있어

분재

선물로 받은 나무 한 그루
그저 바라만 보는 것만으로도
감출 수 없는 기쁨
내 안의 샘물 흘러넘친다.

사랑하는 날이 길어질수록
바람에 부러질 것 같은 안타까움
떨어져버린 연처럼
가지 끝에 아스라이 매달려
바람 따라 흔들거린다.

나무의 마음은 아랑곳 않고,
내 사는 방향으로 가지를 비튼다.
관념으로 무장한 철사로
가지마다 휘돌아 감는다.

나무의 생각은 묻지도 않고,
사랑이란 내 안의 에고이즘으로 고정시켜버린

응고된 시선

내 세계로 너를 당긴다.

봄맞이 청소

봄맞이 청소를 한다
아무도 찾아든 흔적이 없는 것 같은데
언제 날아왔는지 시간을 먹고 자란 먼지
빈 거실 안에 가득하다

거역하고 싶은 세월인 양
순간 절로 멈춰진 호흡

삶 속에 쌓인 찌꺼기들
누워 있는 먼지를 힘껏 밀어내며
닦고 또 닦아본다
위태로운 삶의 곡예처럼
창틀에 매달려 유리 바깥을 닦아보니
비로소 세상이 보인다
내 안의 창도 함께 닦아낸다

봄이 나를 찾아가는 길을 내고 있다

거울 속 그녀

거울 속 그녀가 바닥에 앉아 있다
아픈 상흔 뒤엉킨 머리칼의 고리를 풀어내고 있다
핏기 없는 창백한 얼굴
간헐적으로 떨리는 눈동자
이제 화를 내는 것조차 버거운 그녀
긴 머리를 빗으며 얽힌 상념의 먼지를 털어본다

이제 거울 앞에선 그녀 머리를 잘랐나 보다
짧은 머리의 상큼함 얇게 미소 짓는 그녀
또 다른 상념의 조각을 맞춰놓는다
짧은 머리 스타카토로 세월을 자르고
스프레이로 자존심 곧추 세운다

거울 속 그녀
이제야 나를 닮아 있다

고등어 한 상자

먼 길을 날아왔네요
제주 형님이 보내신 고등어 한 상자

냉장고를 열다 말고 봉지봉지 담아요
바통 받은 고등어들이 릴레이 하듯 뛰어가
미선이, 유진이, 다정이네 초인종 누르곤
맑은 바다를 건네며 눈인사 나누는 손

고등어 물살
풋풋한 파도
넘실거리는 온정

비린내 오르는 저녁나절
온 식구 둘러앉아
옥빛 바다로 유영하는 얘깃거리
제주바다의 단내가 그득

고등어 춤사위 날리는 바다 냄새
오월이 달다

바람꽃

비 내리는 금산사에
마음이 벌써 가 있어

죽은 어미도 간간히 잊었는데
하필 가슴에 꽂힌 꽃 한 송이

내 마음의 화선지에 남았다

구겨버리고 한 장
구겨버리고 또 한 장
다시 붓을 잡아도
저문 해 온힘을 다해 그려도
능선 아래 깊게 숨은 소녀가 보였다
산사의 정취 속으로
저만치 붓 발이 내달려간다
잊히지 않는 향, 한 필이 모자란 듯

주룩주룩 더는 감출 수 없는 바람꽃

---

*바람꽃: 큰 바람이 일어나려고 할 때 먼 산에 구름같이 끼는 뽀얀 기운.

삼월의 눈발

자정을 향해 전진하는 무심한 시곗바늘
하던 일을 멈추고 집으로 향하는 나는
퇴근길 지각생이다

과일 노점상 아주머니도 하루의 고단함을 덮어두고
붕어빵 아저씨도 붉은 불씨를 꺼트리는 시간
노란 가로등 아래
얼어버린 손을 비비며
녹색 신호등을 기다린다

다가오는 봄 햇살을 다 걷어놓고
북풍은 시샘하듯 찬바람을 몰아오더니
아, 순간 가로등 사이 하얀 꽃들
비행을 한다

봄을 준비하지 못한 내 삶 위에
하얗게 쌓이는
꽃들의 낙하

계절은 봄을 향하고
봄바람이 역주행을 하는 마음처럼
지속되는 긴장감
삼월의 눈발은 위태롭기만 하다

봄으로 내딛는 눈발 같은 내 발자국
거기, 함께 내리고 있었다

생각의 정원
—여미지 식물원을 보며

영원을 향해 호흡을 하는 식물들이다

저 아득한 고대의 피라미드와 우주를 향한 작은 꿈들을 담고 우주정거장 모양의 특이한 곳에 모였다 그곳은 세상의 계절을 네트워크로 연결하고 둥근 지구의 원형에 산소를 담은 침상원(沈床園)이다

각 나라의 민속공원엔 형형색색 빛을 자랑하느라 분주한 숨을 몰아쉰다 바나나, 망고, 파파야, 열대과수 넓은 가슴 닮은 잎 폭염을 품어 안는다 거센 모래 속에서 열정 토하며 숨을 고르는 둥그런 금호선인장 내 긴 여름날의 초상화처럼 가늘게 섰다

한 줄기 시선
모네가 그려놓은 화폭에 수생식물원의 연못들과 작은 섬 안엔 빅토리아 수련, 가시연꽃, 부레옥잠들이 어울려 꽃잎 하나 둘 수줍게 웃는다
여름날 폭포처럼 햇살에 부서지는 유혹

수수께끼 피라미드 온실 속

과거와 미래 세계의 정원 사이를 오가는 열차 속에서 짧은 내 생의 파노라마 돌아본다

계절이 초침처럼 분주한 생각의 정원을

솔잎

묻지도 않는다
내 것이 어떤지
들어도 개의치 않는다

오직 생명을 부르는
초록의 향만을 피운다

푸른 잎 하나로
예리하게 건져 올리곤
제 몸을 조각하는 하루를 산다

내 영혼에 건네는 한마디
향기롭단 댓글은
필요 없단다

차라리

담배를 엮다 때가 되어도
허리끈만 졸라 배고픔을 면했었다
다리가 아파 내처 병원에 가니
고치지는 못하고 물리치료만 헌다고,
젊어선 궁해 못가고
하는 수 없이 이제야 갔더니
쌔가 빠지게 일해 몸만 아프고
차례탑도 올려야 허는디
막둥이 놈이 땅을 죄다 팔아먹으니
엄마가 자꾸 도와줘서 그렇다는 큰놈의 하소연
덩달아 억울한 건 할미가 미워해서 안 온다고
즈덜이 꼴 안 본다고 나가고서는……
차라리
그때 돈도 모으지 말고 잘 먹고 아이들이나 지대루 건사할 걸
라면 하나도 못 사먹고 장에 갔다 기냥 돌아오면서
한 마지기 두 마지기 새끼들 고생 안 시킬라구 했던 일
가랑잎보다 못하세 나 날려버리니
몸이 성한 곳 하나 보이지 않네

비 오는 아침

햇살이 포도 잎에 앉아 바람과 나누는 이야기
아기 청개구리 한 마리가 갸우뚱하니 귀를 기울인다
청포도가 탐스럽게 익어가는 계절이기 때문일까
아닐 거야, 청포도는 줄장미의 강한 빛깔에 주눅 들지 않고
저답게 넓은 잎으로 꿈꾸잖아
물을 올려 저만의 알 속에 다디단 이야길 만들잖아
그 빛깔이 너무나 닮았기에
비 오는 날의 행진곡이 아기 청개구리를 키운다

해설

신서정의 진화를 찾아서

조남익 시인

1. 신서정의 진화

황예순(黃禮順) 시인의 첫 시집 『금강을 걸었다』는 신인의 시집으로는 매우 비중 있게 읽게 된다. 그가 문단에 나온 지도 10년이 되어간다. 2007년 『시세계』 봄호에서 「분재」, 「봄맞이 청소」, 「거울 속의 그녀」, 「삼월의 눈발」, 「구절초」 등 5편을 선보였을 때, 그의 범상하지 않는 시편들은 이내 주목을 끌었다.

이미 일반화되고 있는 것처럼 지금의 우리 시단은 뚜렷한 이슈가 없고, 방법론에서도 혼란을 겪는 것 같다. 전통적인 시인의 규범을 따르는 것은 낡고 갑갑한 것이었고, 그 수세적인 태도조차 용납되지 않지만, 그렇다고 무슨 새로운 창출 기미가 있는 것도 아니다. 현대시의 고민이 여기 있다고 할 수 있을 것이다.

시가 '노래'에서 시작되었지만 지금은 '노래'라고 할 수가 없다.

그렇다고 시가 철학이나 사상을 수용할 수도 없고, 아방가르드로 이해하려는 것도 조심스런 판단에 있다. 전통적인 표현 형식에 반발한 급진적인 예술 변혁 운동은 전위적이지만 그것을 시의 구제로 보지는 않는다.

전후 모더니즘 시학은 아직 우리에게 여러 가지 시사점을 준다고 할 것이다. 그것은 시적 방법론에서 아직 유효한 내용을 담고 있기 때문이다. 가령 이미지즘이 사회성을 제거하고 즉물성으로 나아가면, 지각 혹은 감각의 새살이 현대시의 큰 흐름을 만난다. 정지용, 김광균, 백석, 박남수, 김춘수 등의 '길이 없음의 수사학'이 그것이다.

이미지의 자율성은 곧 시의 자율성에 있으며, 고정관념을 깨고 새로운 발견의 창출이 솟아 있었다. 시는 궁극적으로 대상의 재현이 아니라, '자기표현'이 지배한다. 특히 '자기표현'에는 인간의 영원을 동경하고 그것에 도달하려는 시의 내면을 정하게 된다.

선물로 받은 나무 한 그루
그저 바라보는 것만으로
감출 수 없는 기쁨
내 안의 샘물 흘러넘친다.

사랑하는 날이 길어질수록
바람에 부러질 것 같은 안타까움
떨어져버린 연처럼

가지 끝에 아스라이 매달려
바람 따라 흔들린다.

나무의 마음은 아랑곳 않고
내 사는 방향으로 가지를 비튼다.
관념으로 무장한 철사로
가지마다 휘돌아 감는다.

나무의 생각은 묻지도 않고
사랑이란 내 안의 에고이즘으로 고정시켜버린
응고된 시선

내 세계로 너를 당긴다.

—「분재」 전문

황예순은 추천 작품에서부터 '신서정의 진화'를 찾아 출발한다고 할 수 있다. '분재'란 관상을 위하여 줄기나 가지를 운치 있게 다듬거나 변형시켜 가꾸어 화분에 심어놓은 나무이다. 그런데 이 시의 내면화 현상은 하나의 '경이로움'에 값하는 것이라 할 수 있을 것이다. 상상력이 지식보다 더 중요한 것이라고도 하지만, 이 시는 분재에 대한 상상력이 놀라움을 준다.

아마도 지금까지는 '분재'가 자연미의 연장선에서 예찬되어 온 것이 우리의 통념일 것이다. 황예순의 「분재」는 그 고정관념을 뒤

없은 신서정성에서 감동을 준다. 예를 들면 "관념으로 무장한 철사" 또는 "에고이즘으로 고정시켜버린/응고된 시선" 등은 새로운 표현으로 보아도 될 것이다.

또 다른 추천 작품인 「거울 속의 그녀」는 시의 운율도 좋지만, 이미지의 다양한 역동성으로서 시의 운치를 높인다. 문학적 상상력이 어떻게 사고의 폭을 넓히는가를 보여준다.

2. 긍정 정신의 빛

한국시단은 90년대부터 일상시(日常時)가 주류를 이루고 있는 것으로 본다. 시인 스스로 '작은 이야기꾼'이 되어 일상적인 삶에서 시의 소재나 주제를 담는다. 일상시는 정치시나 추상시들과는 대립되며, 대체로 고백 어조의 형식이 된다.

그런가 하면 전 국민이 문학을 즐기고 생활화하는 '문화복지시대'를 맞아 정책과 사회적 조성이 뒤따르고 있다. 시와 시인의 '양산시대'로서 새로운 예고를 보인다. 이러한 변화가 문화의 전성기가 될지, 아니면 그 반대의 양상이 될지 누구도 속단하기 어렵다. 지금까지는 문학은 사회적 역사적 조건에 상응하는 것으로 보아온 것이 사실이다. 어느 경우가 되었든 문화는 가장 유수한 창조성이 불타게 해야, 모든 하위 속성을 이끌어가며 발전하게 된다는 것이다.

민주화가 되기 전까지는 오랜 기간 시단의 경향을 순수시와 참

여시로 구분해왔다. '참여시'는 '사회참여'에서 온 말인데, 지금은 '참여시'가 거의 자취를 감추고, 그 자리에 '일상시'가 들어선 것이 아닌가 한다. 가령 김지하의 「오적」, 신동엽의 「껍데기는 가라」, 김수영의 「풀」 등 이른바 사회참여의 경향을 거의 찾아볼 수가 없다. 이른바 민중시의 퇴보인 것이다.

황예순 시인은 일상시에서 그 소임을 키운다. 일상시의 중심은 무엇보다도 인간의 진실성이다. 흔히 철학자는 장미에 대하여 생각하고, 시인은 장미를 느낀다고 한다. 하지만, 철학자의 추상에 비하여 시인의 느낌은 훨씬 인간적인 진실과 가까이 있다. 자유로운 상상과 철학적 깊이를 간직하는 것은 시인의 가장 큰 책무라고 하겠다.

황예순의 시에 관류하고 있는 것은 인생에 대한 긍정 정신의 빛이다. 그는 한 지아비의 지어미이며, 또한 소중한 자녀들의 엄마이다. 이른바 여성의 삶에 깃든 것은 모성애의 대륙인 것이다. 그것은 인류의 생존을 지켜온 불멸의 빛이었다.

작가는 작품을 만들고 작품은 다시 작가를 만든다. 작가는 자신만의 법칙을 가지고 스스로 혼자가 되었을 때, 비로소 한 시인이 탄생한다.

불혹의 내 삶이 숯을 닮으면
그래서 기끔
어느 집 큰 항아리 속으로 들어가
붉은 고추와 한 계절 어울리고는

귀한 장맛을 돋우는 명가로 기품 있게 살기도 하고
마지막 정열, 붉게 달아오르는 절정의 모닥불
그 지극한 사랑으로 스며보고
가끔
어느 시인의 낡은 책상 위에 쌓인 책
곁을 차지하고 앉아서
다소곳이 그의 이야기에 끄덕이며
맑은 공기로 시심을 채우는 숯이었으면 좋겠다
마음이 소통하고
우주가 소통하고
누군가의 빈집에 별이 되어
까만 우주를 닮은 숯이었으면 좋겠다

—「숯」 전문

시인은 현재 불혹의 연령이지만, 색이지 않는 숯이 되었으면 한다. 그것은 소금물에 메주를 담아 30~40일 우려서 간장을 만들고 있는 명가의 큰 항아리 속에 띄우는 숯이 되기도 하고…… 지극한 사랑, 어느 시인이 사는 공간으로 가서 맑은 공기로 시심을 채우는 숯이 되기도 하고…… 별이 되어 까만 우주를 닮은 숯이 되었으면 하고 바란다.

여기서 황예순 시인의 독특한 시적 발상에 놀라지 않을 수 없다. 시인적 기품의 담담한 어조 속에는 '인생의 사자후'가 숨어 있다. 기발한 상상력으로 우리 인식의 지평을 확대해주는 가편이라

할 수 있다. 예술적 작품이란 어떤 것인가를 보여주는 사례라고 할 것이다. 시인의 정신이란 매우 다양하고 신비롭게 결합되어 있는 관념체계임을 보여주고 있다.

황예순의 인생에 대한 긍정 정신은 이뿐만이 아니라 「얼굴」, 「너는 꽃이다」, 「귀천」, 「그의 통증」, 「기천 스승님」, 「흙」, 「꽃맘」, 「높은댕이」 등 전편에서 볼 수 있는 현상이다. 그것은 일상시가 지니고 있는 순리의 울림이기도 할 것이다.

시란 형식의 선택과 이끌어주는 지성, 그리고 서서히 발전하는 두뇌의 회전과 관계가 깊다. 황예순의 천성적인 재질에는 닫혀 있지 않는 포용력이 있다. 과거, 현재, 미래에 대한 영원의 빛이 그의 시에 스며드는 이유가 여기 있을 것이다.

일찍이 도가의 기본 개념에 '아무것도 한 것이 없는데, 하지 않은 것이 없다'(無爲而無不爲)는 명언이 있다. 곧 '무위(無爲)'하면 이루지 못할 것이 없다는 것으로 이는 시인들의 정신 지향에 시사하는 바가 있을 것이다.

3. 정체성 해체와 재구성

우리나라의 여성시는 모윤숙, 노천명 시대를 거쳐 홍윤숙, 김남조, 허영자, 강은교 등으로 내려오면서 '여성시의 한계'가 지적되곤 했나. 살뜰한 수사학과 정련된 일급의 문학이지만, 여성시는 사회적으로 역사적 관계 형성에서 그 언어적 토대가 취약하였음을 지적받아 왔다.

가령 '가정'과 '사회'의 두 공간에 집중하면서도 그것이 여성시의 내면에 끼치는 영향은 특유한 것이 있어온 점이다. 황예순의 시에는 여성 취향에서 탈피한 경우가 많고, 완전히 개방된 상상력을 보여주기도 한다. 말하자면 황예순은 여성의 정체성이 해체되고 다시 재구성된 형태가 강한 편이라고 하겠다.

가령 「배추밭 단상」, 「바람을 가르던 시간」, 「애기똥풀 흩어진 광장」, 「연 그리는 여인」, 「막사발 가는 길」 등의 일련의 작품은, 그 취향이 독특하고 긴 호흡의 형식을 취한다. 이들 작품은 섬세한 감성이 아니라, 서사적인 구조로 나타나며 '작은 이야기꾼'이 된다. 그의 시에는 방언을 자유자재로 구사한 시도 여러 편이 된다. 이 또한 여성시가 사회적 확장으로 정낭성을 뒷받침해 가는 것이라고 할 것이다.

> 짐 새지 말라며 잘 빚은 반죽으로
> 맹세하듯 테 두른 시루 뜨거워야
> 그라고 누룩은 고두밥에 잘 비벼서 발효해야 혀
> 뭐니뭐니혀도 꽉 차야 한다는 거 아녀
> 사는 것도 저와 같아 술맛 지대로 익어야 할 텐데
> 그의 휑한 주머니에 소슬한 바람이 들고
>
> 이런 거 워디 가도 읎지 쩍쩍 붙는 것이
> 앉은뱅이 술은 뒤끝 한 개도 없다니께

마시게, 술도 인생도 마셔봐야 안다네
취해야 하는 것들이 요새 참 많찮여
비우게, 사는 것도 비우는 것 아닌가베
참살이 별건가

술 먹고 술 하면 안 되는디
잔을 잡은 손이 배시시 웃는다

—「살아있어야 한다는 거 아녀」 부분

아무리 어려운 세상살이라 해도 끝까지 살아야 하지 않겠느냐의 시의 진술이 자못 구수하게 읽힌다. 삶이 세속적인 데 몸을 담구고 있듯이 이 시의 방언 구사도 세속에 맞춘 것이라고 하겠다. 참고로 오세영 시인은 그의 시집 『바람의 아들들, 동물 詩抄』(2014. 현대시학)에서 시의 4가지 유형을 다음과 같이 제시한 바 있다.

① 쉬운 내용을 쉽게 쓴 시 (산문 수준)
② 쉬운 내용을 어렵게 쓴 시 (속이려는 의도)
③ 어려운 내용을 어렵게 쓴 시 (머리 아둔형)
④ 어려운 내용을 쉽게 쓴 시 (달관한 경지)

황예순의 시 「살아있어야 한다는 거 아녀」는 어느 유형이라 할까? 이것은 제4의 유형으로서 "어려운 내용을 쉽게 쓴 시"에 해당한다고 하겠다. 왜냐하면 이 시의 내용은 그야말로 인생의 본질론이다. 인생을 살아야 하느냐, 아니면 죽어야 하느냐의 주제인 것이다. 그러나 인생에 대한 '달관의 경지'가 투영됨으로써 이 시는 누구나 이해할 수 있는 '쉽게 쓴 시'가 되었다고 하겠다.

방언이 빚어낸 이 구술체의 시는 "테 두른 시루" "누룩은 고두밥에 잘 비벼서 발효해야 혀" "비우게, 사는 것도 비우는 것 아닌가베" "잔을 잡은 손이 배시시 웃는다" 등 잘 익은 표현들이 곰살스런 시적 서정을 우려낸다. 이런 시풍은 황예순 시의 한 특징이 되어 있다.

지혜가 깊을수록 지혜의 묘가 드러나지 않는다. 잘된 작품일수록 기교도 드러나지 않는 것인데, 시가 바로 이런 구성을 한다. 황예순 시에서 지혜가 있고 우수한 표현을 보이는 몇 가지 사례를 들어본다.

(1)
천년을 구워도 같은 것들이 나오지 않듯
천년을 살아도 나의 생은 한 번도 같은 날 없다
—「막사발 가는 길」 부분

(2)
긴 밭고랑을 걷는 구부정한 허리
구멍 뚫린 속을 다 떼어주고
추운 겨울 널브러져 있다

등 위로 굽은 세월이 흐른다

—「배추밭 단상」 부분

(3)

하얀 화선지에 연을 그리는 여인

자신의 검은 먹물을 다 토해놓고는 잠들었다

밤새 붓발을 휘날리던 그녀

새벽이 밤의 담장을 넘나드는 사이

그녀의 분신은 익어 나란히 누웠다

—「연 그리는 여인」 부분

황예순 시인의 시적 감수성과 그 용량은 누구보다도 풍부하고 또한 절제가 있다. 그의 시적 사고력은 바로 그 절제에서 나온다. 시인에게 직관이란 갑작스럽게 경험하는 섬광 같은 통찰이며 순식간에 시의 통로를 연다.

(1)의 사유는 깨달음의 한 통찰이 시의 도입을 연 구절이다. 그것이 '막사발' 도자기로 구워져 나온 것인데, 그 또한 제각각의 개성임을 표현한 것이다.

(2)의 「배추밭 단상」은 '아버지의 배추'와 '배추를 딸에게 주고 싶었을 아버지'와의 관계인데, "등 뒤로 굽은 세월이 흐른다"는 시원한 구절을 얻고 있다.

(3)은 여류화가의 모습이 그려진 시로, 그 모습을 다시 "씻고 또

씻어 푸른 연잎을 피운 수직선"으로 가시화한다. 육체와 정신의 세계가 통찰되기 때문이다.

황예순의 시적 관심은 이렇듯 수많은 사고의 폭을 걸러내며 예술적 아름다움에 이르는 길인 것이다. 거기 시의 영원이 있고 시인의 사랑이 있다.

4. 금강과 향토애

황예순 시인은 충북 옥천에서 태어나 현재 옥천군 평생학습원의 평생교육사로 근무하고 있다.「늦게 핀 꽃」,「샘골 연가」 같은 시는 그 소재가 여기서 잡힌 것으로 봐도 될 것이다. 농촌의 만학 노인의 애환이 방언에 녹아 있다.

옥천은 시성 정지용의 생가가 보존되어 있는 곳이다. 익히 알려진 것처럼 정지용은 시적 조락과 미적 가치의 창출에 탁월한 성과를 낸 시인이었다. 또한 모더니스트로서 지적 절제를 통해 언어의 명징성을 승화시켰다. 그의 대표작 중의 하나인「향수」는 토속적 소재와 함께 방언과 순수국어를 활용하여 정서적 환기 효과가 높은 시이다. 후렴구 "그 곳이 차마 꿈엔들 잊힐리야"는 이 시에 완벽한 응결력을 보인다. 언어의식과 정신세계의 일치인 것이다.

북두칠성에서 안드로메다까지 이어진 별
멈춰진 풍경 앞에서 잃어버린 나의 성좌
기다림 없이 마름모로 터벅이던 발걸음

지용 생가에서 멋진 신세계로 가는 길
실개천도 휘돌아 제 갈 길로 흐르는데
편지함도 휴가를 가고 갈망도 기다림도 없이
말없음표로 흐르는 긴 슬픔을 삼키는 푸른 별
까마득히 먼 고향에서 떠나온 나는
알 수 없는 고아가 되어
그 먼 할아버지를 알려주지 못하는 어미가 되어
밤에 지친 별들을 늦도록 헤아려보고
사월 밤은 벚나무에 기대어도 쇳소리가 난다는
잃어버린 우주를 생각해본다
탄소 질소 산소 허허한 우주에 서서
떠나보낸 명왕성을 찾다가 피와 살과 물과
태초부터 빅뱅을 꿈꾸는 물질들의 혁명을 본다
밤 깊어 빛으로 사는 별들은 쉬
쉬 하니 아기별의 따뜻한 눈짓을 읽는다

—「지용 생가에서 별을 보다」 전문

「지용 생가에서 별을 보다」는 시적 화자의 내밀한 대화 방식의 진술인데, 자의식의 독백으로 일관한다. 특히 이 자의식은 대상에 대한 추앙이나 사모하는 감정은 배제되고 철저한 자신만의 진술로 일관되어 있다. 다시 말하면 '지용 생가'에서 보는 별은 "멋진 신세계로 가는 길"이지만, 나에게는 "긴 슬픔을 삼키는 푸른 별"일 뿐이다. 그러나 잃어버린 우주를 생각해보다가 "아기별의 따뜻한 눈짓을 읽는다"로 끝맺는다.

정지용의 또 하나 대표작의 하나인 「유리창」은 불과 10행의 전 연시다. 사랑하는 어린 아들을 잃은 슬픈 감정을 유리창처럼 차가운 언어로 형상화하고 있다. 비인간적인 추상성의 중시는 현대시의 중요한 기법의 하나였다.

황예순의 신서정에서는 시적 대상인 '지용 생가'를 전통 시에서처럼 사실적으로 접근하지 않는다. 경험적 감각이 배제된 심리적 독백으로 자신을 차별화함으로써 독특한 시의 주아성(主我性)을 높이고 있다.

감빛 스카프가 제법 잘 어울리는 구월 중순이었지 아마
호젓한 색바람이 나부끼는 금강가를 걷다가
저물어가는 붉은 석양을 잡으러 차를 몰았어
해가 익어갈수록 심장은 떰박질하고
가도 가도 멀어지는 해를 향해
큰 그림자 사이마다 불 밝히던 별들이
간혹 안부를 묻곤 했지
지하도를 향해 달리던 바퀴가 그만
행성만 한 달 속으로 달려갔어
달이 되어버린 그때였을 게야
못내 그리움이 달 속에서 나오지 못하고
크레이터로 남아 노란빛을 낸 것이
오래전 상처들이 둥글게 하는 말들을

달에 사는 누구도 깊은 빛깔에 대하여 알려 하지 않았고
나 역시도 그 빛깔에 대해 말하지 않았지만
가끔 한번씩
달은 스스로 빈 가슴을 채우며 우리 은하에 올랐지
아무도 모르는 그 비밀을
파란 눈에 불을 켠 헬릭스 성운이
밤 고양이 눈처럼 지켜보고 있었어
광속으로 날아드는 금강의 심장 소리
들어봐,
고요히 이글거리는 파란 산소의 깊이

—「색바람 나부끼는 금강」 전문

「색바람 나부끼는 금강」은 동적인 요소가 있고, 산문시의 내용이 가미된 작품으로 볼 수 있을 것이다. '색바람'은 이른 가을에 부는 신선한 바람인데 '구월 중순'이란 시기가 제시되고 있다. 이 시의 비약은 아마도 "지하도를 향해 달리던 바퀴가 그만/행성만 한 달 속으로 달려갔어/달이 되어버린 그때였을 게야"처럼 대상과 내가 물아일체(物我一體)가 된 몰입의 경지인 것이다. 결국 그것은 "밤 고양이 눈처럼 지켜보고 있었어/광속으로 날아드는 금강의 심장 소리"에 이른다. 시집의 제호가 『금강을 걸었다』인 것은 아마도 이런 서정과 관련이 있을 것이다. 또한 금강이 흐르고 지용 생가가 있는 고향의 향토애가 거기 숨어 있을 것이다.

황예순 시인은 꾸준히 신서정의 진화를 찾아 자신의 진실을 새

로 발견하고자 노력한다. 그의 시에 발상의 새로움이 있고 현대감각이 함께하는 것은 이 때문이다. 그의 시는 졸렬하지도 않고 과장되어 있지도 않으며 상당히 성숙한 면을 자랑한다.

다시 말하면 그는 전통적인 비의적(秘義的) 발상이나 자연미로부터 벗어나서 현대시의 경계로 넘어서는 시세계를 펼친다. 그의 시의 신선함과 또한 비중이 함께하고 있는데, 그것은 긍정적인 삶의 의식과 달관한 시의 경지에서 보는 시정신(詩精神)이 있기 때문이다.

황예순 시인은 꿈이 많은 시인이라고 할 수 있을 것이다. 그는 과거 시인이 아니라 미래의 시인이다. 예술가의 삶이란 항상 물을 거슬러 올라가는 물고기와 같다고 한다. 진취적인 황예순의 시에 어떤 절정이 빛나길 빈다.

이 도서의 국립중앙도서관 출판시도서목록(CIP)은 서지정보유통지원시스템 홈페이지(http://seoji.nl.go.kr)와 국가자료공동목록시스템(http://www.nl.go.kr/kolisnet)에서 이용하실 수 있습니다.(CIP제어번호: CIP2016030585)

문학의전당 시인선 242

금강을 걸었다

초판 1쇄 인쇄 2016년 12월 14일
초판 1쇄 발행 2016년 12월 21일
지은이 황예순
펴낸이 고영
책임편집 류미야
디자인 헤이존
펴낸곳 문학의전당
출판등록 제311-2012-000043호
주소 서울시 마포구 마포대로 11길 91, 3층
전화 02-852-1977 팩스 02-852-1978
전자우편 sbpoem@naver.com

ISBN 979-11-5896-295-1 03810

* 잘못 만들어진 책은 바꿔드립니다.
* 이 시집은 2016 옥천군, 충북문화재단의 지원을 받아 제작되었습니다.